미국과 소련, 두 나라가 엄청난 경쟁을 벌이던 때가 있었어.
자기편을 늘리고 더욱 강력한 무기를 만들어 냈지.
우주에 로켓을 쏘아 보내는 것까지 경쟁할 정도였어.
둘은 왜 이렇게 다투게 된 걸까?

나의 첫 세계사 18

둘로 갈라진 세계
냉전 시대

박혜정 글 | 김현영 그림

휴먼
어린이

세계에서 가장 큰 나라가 어디일까? 정답은 러시아야!
러시아는 아시아와 유럽 대륙에 걸쳐 널따랗게 자리하고 있어.
우리나라가 있는 한반도 땅보다 77배나 더 크다니, 굉장히 넓네!
러시아의 수도 모스크바는 유럽의 도시 중에서 사람이 가장 많이 사는 곳이래.
모스크바에 가면 크렘린 궁전이 있어. 지금은 러시아의 대통령이 살고 있지만
옛날에는 러시아 황제가 이곳에서 살았지.

지금으로부터 백 년 전쯤 러시아에서 아주 중요한 사건이 일어났어.
러시아 사람들이 황제를 쫓아내고 완전히 새로운 나라를 만들었거든.
러시아에서 과연 무슨 일이 있었던 걸까?

"혁명이다! 러시아에서 혁명이 벌어졌다."
러시아의 노동자와 농민, 병사 들이 혁명●을 일으킨 거야.

우리는 러시아의 노동자, 공장에서 일하는 사람들이지.
긴 시간 일해도 받는 돈이 너무나 적어.

우리는 러시아의 농민, 농사짓는 사람들이야.
농사를 지으려면 귀족의 땅을 빌릴 수밖에 없어.
세금은 또 얼마나 많이 내는지 몰라.

우리는 러시아의 병사, 나라를 지키는 사람들이지.
전쟁이 날 때마다 마음이 조마조마해.

● **혁명** 이전의 방식에서 벗어나 새로운 것으로 고쳐 변화시키는 일.

"빵과 토지와 평화를 달라!"
사람들의 불만이 나라를 다스리던 황제를 향했어.
러시아 사람들의 시위는 점점 더 거세졌지.
황제를 지키던 군인들까지 황제에게서 등을 돌렸고,
결국 황제는 사람들 손에 쫓겨나고 말았어.

황제를 쫓아낸 러시아 사람들은 새로운 법을 만들었어.

노동자, 농민, 병사가 각각 자신들의 대표를 뽑아서 나라를 다스리기로 했지.

대표자들이 서로 의견을 주고받기 위해 모인 조직을 '소비에트'라고 불렀는데,

이때부터 소비에트가 러시아와 그 주변 나라를 이끌게 되었어.

그래서 나라 이름도 '소비에트 사회주의 공화국 연방'이라고 정했지.

맞아, 이 이름을 줄여서 **소련**이라고 부르게 된 거야.

새로 탄생한 소련은 다른 나라들과는 좀 달랐어.
돈을 벌어들일 수 있는 땅이나 공장을
몇몇 사람들만 가지는 게
공평하지 않다고 생각했거든.

"나라의 모든 땅과 공장을 국가에서 관리하고,
그곳에서 버는 돈을 모두가 골고루 나눠 가집시다."

이런 생각을 '사회주의'라고 불러.
소련은 세계 최초의 사회주의 국가였던 거야.

물론 모든 사람이 사회주의를 좋아한 건 아니었어.

"땅이나 공장을 국가가 차지하는 건 말도 안 돼!
모두가 똑같이 나눠 갖는다면 누가 열심히 일하려 들겠어?"
"돈이 많은 사람은 그 돈으로 공장을 짓고,
돈을 벌고 싶으면 노동자가 되어 공장에서 일하면 되지."

이렇게 생각하는 사람도 많았거든.

사회주의와 반대되는 이런 생각을 '자본주의'라고 불러.
자본주의를 가장 잘 발달시킨 나라는 미국이었어.
미국은 사회주의가 소련을 넘어 다른 나라로 퍼져 나갈까 봐 걱정했지.

"사회주의는 위험해!"
"러시아 혁명 같은 일이 또다시 일어나면 안 돼!"

'사회주의 나라에서 사람들은 더 평등하게 살 수 있어.'
소련 사람들은 이렇게 생각했지.
'자본주의 사회에서 사람들은 더 자유롭게 살 수 있어.'
미국에는 이런 생각을 하는 사람들이 훨씬 더 많았어.
소련은 사회주의를 더 퍼트리고 싶었고,
미국은 사회주의가 퍼지는 것을 막고 싶었지.

소련과 미국은 생각이 달랐고 사이도 나빴어.
하지만 그런 두 나라가 힘을 합쳐야 할 일이 생겼지.
독일에서 히틀러라는 사람이 등장했거든.
히틀러가 이끄는 독일군이 주변 나라를 하나둘 공격하면서
제2차 세계 대전이 벌어졌던 거야.
미국과 소련은 함께 연합군을 만들어서 독일에 맞서야 했어.

이탈리아와 일본도 독일과 한편이 되어 전쟁에 뛰어들었어.
유럽에서는 영국을 뺀 대부분의 나라가 독일군에게 점령되었지.
이탈리아는 아프리카를 전쟁터로 만들었고,
일본은 아시아를 넘어 태평양에서 전쟁을 벌였어.

전쟁의 피해는 어마어마했어. 과학과 기술이 발전하면서 만들어진
전투기와 항공 모함, 폭탄이나 탱크 같은 무기들이
수천만 명의 사람들을 죽거나 다치게 했거든.

전쟁이 막바지로 향해 갈 무렵,
미국과 소련 그리고 영국의 대표가 한자리에 모였어.
'전쟁을 끝내려면 어떻게 해야 할까?' 이런 이야기도 나누었고,
'전쟁이 끝난 뒤에 세계를 어떻게 이끌어 가야 하지?' 이런 대화도 했어.

저벅저벅, 소련군이 독일의 수도 베를린으로 향했어.
미국은 여러 나라의 군인들과 함께
독일이 점령했던 프랑스 지역을 되찾아 나갔지.
그 후 베를린이 무너지자 독일은 항복했고, 유럽에서의 전쟁은 끝이 났어.

뚜벅뚜벅, 소련군은 일본이 지배하던 한반도를 향해 갔어.
미국은 일본의 도시 두 곳에 핵폭탄을 터트렸지.
핵폭탄은 도시를 파괴하고 어마어마하게 많은 사람을 죽게 했어.
결국 일본이 항복하면서 아시아에서도 전쟁이 멈췄어.

미국과 소련은 전쟁을 끝내는 데 있어서 누구보다 중요한 역할을 했어.
앞으로 세계에서 두 나라의 목소리는 더욱 커지게 될 거야.

세계 대전 같은 전쟁이 다시는 일어나지 않기를 바라며 사람들은 한자리에 모였어.

"나라 간에 생기는 문제는 전쟁이 아니라 대화로 풀어야 합니다."

평화와 안전을 유지하고, 나라 사이의 중요한 일들을 함께 의논하기 위해 여러 나라가 힘을 합쳐 **국제 연합**(United Nations)을 만들기로 했지. 유엔(UN)이라고 부르는 국제기구가 이렇게 생겨났던 거야.

끔찍한 전쟁을 다시 겪지 않기 위해 많은 나라가 힘을 모았어.
전쟁을 일으킨 독일과 일본을 어떻게 할지도 함께 고민했지.
독일과 일본의 군인들이 재판을 받았고 저마다 처벌을 받았어.

독일은 한동안 다른 나라의 통치를 받아야 했어.
독일 땅을 반반 나누어 동쪽은 소련의 보호를 받고,
서쪽은 미국과 영국, 프랑스의 도움을 받기로 했지.

일본은 갖고 있던 식민지를 모두 잃게 되었어.
일본의 식민지였던 한반도도 이때 독립을 맞이했지.
하지만 한반도는 남쪽과 북쪽으로 반반 나뉘어서
북쪽은 소련이, 남쪽은 미국이 도와주기로 했어.

처음에는 소련과 미국이 힘을 모으는 것처럼 보였어.
하지만 그런 시간은 그다지 길지 않았지.
이곳저곳에서 소련의 힘이 점점 세지고 있었고,
미국은 그런 소련을 억누르고 싶었거든.

특히 유럽에서 소련의 힘이 점점 커지고 있었어.
소련과 맞닿은 폴란드, 헝가리, 체코슬로바키아 같은 나라들이
사회주의 국가가 되었지. 유럽의 동쪽에 있는 나라들이어서
'동유럽'이라고 부르는 곳이야.

소련을 그냥 지켜볼 수 없었던 미국은 좋은 방법을 찾아야 했어.
전쟁에서 큰 피해를 겪은 유럽 나라들이 다시 잘 살 수 있도록
많은 돈과 물건을 나눠 주며 돕기로 한 거야.
영국, 프랑스, 이탈리아 같은 나라들이 미국의 도움을 받았어.
이곳은 유럽의 서쪽에 있어서 '서유럽'이라 부르는 곳이지.

유럽이 점점 두 편으로 나뉘는 것 같지 않니?
소련의 영향을 받는 동유럽과 미국의 도움을 받는 서유럽으로 말이야!

유럽이 반으로 나뉘고 있을 때 독일은 완전히 두 동강이 나고 말았어.
독일 땅에 '동독'과 '서독'이라는 두 개의 나라가 따로따로 세워졌는데,
동독은 사회주의 나라였고 서독은 자본주의 나라였지.

두 개의 나라가 세워진 곳이 또 있어. 우리나라가 있는 한반도야.
한반도는 북한과 남한으로 나뉘게 되었지.
북한에는 '조선 민주주의 인민 공화국'이라는 나라가 세워졌고,
남한에는 '대한민국'이라는 나라가 세워지게 된 거야.

그리고 이 무렵, 중국에서도 '중화 인민 공화국'이라는
또 하나의 거대한 사회주의 국가가 등장했지.

이제는 미국과 소련 두 나라만의 경쟁이 아니었어.
마치 이 세계가 둘로 나뉜 것 같았지.
전 세계에 싸늘하고 차가운 분위기가 만들어졌던 거야.
이런 상황을 **냉전**이라고 불러.

분위기만 냉랭했던 게 아니야. 실제로 전쟁이 벌어진 곳도 있었어.
남한과 북한이 있는 한반도였지. 북한의 지도자였던 김일성은
전쟁이라도 벌여서 통일을 이루겠다는 생각을 진짜로 행동에 옮겼어.
1950년 6월 25일, 북한군이 남한으로 쳐들어오면서 전쟁이 시작되었지.
한국 전쟁이 벌어진 거야!

한국 전쟁은 3년이나 계속되었어.
소련과 중국이 북한을 도왔고, 미국과 유엔군이 남한을 도왔지.
맙소사, 유엔이 있어도 또 전쟁이 벌어지고 말았네!
수많은 사람이 죽었고 서로를 미워하게 되었어.
전쟁은 한반도에 큰 상처를 남겼어.

동남아시아에 있는 베트남에서도 전쟁이 벌어졌어.
베트남은 오랫동안 프랑스의 지배를 받았는데,
제2차 세계 대전이 끝난 뒤 프랑스에서 벗어나 독립을 이루게 되었지.
새롭게 시작하는 베트남이 사회주의 국가가 되려고 하자 끼어드는 나라가 있었어.
맞아! 미국이었지. 결국 베트남과 미국 사이에도 전쟁이 벌어지게 돼.

전쟁은 10년이 넘도록 계속되었어.
미국은 강력한 무기로 공격을 퍼부었지.
하지만 베트남 사람들은 나라를 지키기 위해 끝까지 버텼어.
밀림으로 가득 찬 베트남 땅도 미군들을 힘들게 했지.
결국 미국은 뜻을 이루지 못하고 베트남에서 물러나게 되었어.

미국과 소련이 직접 맞붙어 전쟁을 벌일 뻔한 적도 있었어.

그 이야기를 하려면 남아메리카에 있는 쿠바로 가야 해.

원래 쿠바는 미국과 거리도 가깝고, 사이도 가까운 나라였지.

그런데 쿠바에서도 사회주의 혁명이 일어나게 된 거야.

사회주의 국가가 된 쿠바는 소련에 도움을 요청했고,

미국은 이런 상황이 아주 못마땅했어.

'미국이 쿠바를 공격해 올지도 몰라!'
불안에 떨던 쿠바는 소련에서 많은 무기를 사들였는데,
그 무기 중에는 핵폭탄을 쏘아 보낼 수 있는 미사일까지 있었어.

'소련이 쿠바와 손잡고 미국에 핵폭탄을 쏘면 어떡하지?'
미국도 소련에 핵폭탄을 쏠 준비를 했어.

정말로 핵폭탄이 떨어질까 두려워하던 사람들의 걱정이
하늘을 찌를 무렵에야 두 나라가 한발씩 양보하면서
전쟁을 피할 수 있었지.

사실 핵폭탄을 먼저 개발한 쪽은 미국이었어.
미국은 실제로 핵폭탄을 사용했던 나라이기도 해.
맞아, 제2차 세계 대전 때 일본에서 두 개의 원자 폭탄을 터트렸지.
그로부터 4년 뒤에 소련도 원자 폭탄을 개발하는 데 성공했어.
한발 더 나아가, 미국과 소련은 원자 폭탄보다 더욱 강력한 수소 폭탄까지 만들었지.
또 전쟁이 벌어져서 이런 핵폭탄이 터진다면
우리가 사는 세계가 모두 사라질지도 몰라!

미국과 소련은 전쟁 무기 말고도 또 다른 경쟁을 벌였어.
이제 두 나라는 우주에서 힘을 다투기 시작했지. 우주라고?
소련은 인공위성˙을 쏘아 올렸고, 미국은 달 착륙에 성공했어.
사람들의 눈이 지구를 넘어 더 넓은 우주로 향하게 되었지.
미국과 소련의 경쟁이 뜻밖의 결과를 낳기도 했네.

● 인공위성   지구 같은 행성의 주위를 돌도록 로켓을 이용하여 쏘아 올린 장치.

미국과 소련의 경쟁은 수많은 사람을 숨 막히게 했어.
소련의 경찰들은 사람들의 행동을 하나하나 감시했거든.
사회주의를 위해서라면 자유를 억누르는 것쯤은 문제없다고 생각했던 거야.
동유럽 사람들이 소련에 맞서려는 낌새가 보이면 곧바로 탱크와 군대를 보냈지.

미국에서도 비슷한 일이 벌어졌어. 미국은 자기 나라의 기술이나 비밀을 캐내서 소련에 전하는 첩자가 있을까 봐 늘 조마조마했어.
의견이 다른 사람에게 '소련의 비밀 첩자'라는 딱지를 붙이며 몰아세우기도 했지.
사회주의 세력이 커지는 걸 두려워했던 다른 나라들에서도 이런 일이 벌어졌어.

그렇다고 세상 모든 나라가 미국이나 소련의 편으로 갈라섰던 건 아니야.
미국과 소련 같은 강대국에 휘둘리지 않고,
자기들의 목소리를 내려는 나라들도 있었거든.
오랫동안 서양의 지배를 받았던 아시아와 아프리카에 그런 나라들이 많았지.

우리는 우리의 길을 가자.
미국을 따를 생각은 없어!
돈을 최고로 여기며 자기 힘만 키우는 미국을 따르지 않을 거야.
소련을 따를 생각도 없어!
힘으로 사람들의 자유를 억누르는 소련을 따르지 않겠어.

미국과 소련의 경쟁에 끼어들지 않는 나라들을 '제3 세계'라고 불렀어.
제1 세계는 미국과 자본주의 나라들이고,
제2 세계는 소련과 사회주의 나라들을 뜻했지.
제3 세계 나라들은 강대국에 밀리지 않는 목소리를 내려고 함께 힘을 모았어.

시간이 지나면서 사회주의와 자본주의로 나뉘어 있던 세계에 조금씩 틈이 생겼어.

미국 대통령이 중국을 찾아가서 화해의 손길을 내밀기도 했고,

소련은 과감한 개혁을 하며 자본주의를 받아들이기도 했지.

그러다가 얼마 안 가서 소련은 몇 개의 나라로 흩어졌어.

다시 예전처럼 러시아와 여러 개의 나라로 나누어진 거야.

분단되어 있었던 동독과 서독이 통일을 이루어 다시 하나의 독일이 되기도 했지.

그렇게 소련과 미국이 편을 갈라서 경쟁하던 시대가 끝나 가고 있었어.

나의 첫 역사 여행

동유럽의 도시들

체코 프라하

냉전이 시작될 무렵, 사회주의 정부가 들어선 동유럽 나라 중에 체코슬로바키아가 있었어. 시간이 지날수록 민주주의를 원하는 사람들이 늘어나자, 알렉산드르 둡체크라는 지도자가 이런저런 개혁을 펼치기 시작했지. 이런 상황을 가만히 지켜볼 수 없었던 소련은 1968년, 20만 명의 군인들과 탱크를 보내 체코슬로바키아의 수도 프라하를 짓밟았어. '프라하의 봄'이라고 불리는 프라하 시민들의 민주화 운동은 실패로 끝났지만, 1989년에 이르러 체코슬로바키아에서도 민주주의 정부가 세워졌지. 얼마 뒤 체코슬로바키아는 체코와 슬로바키아로 나뉘었고, 체코의 수도 프라하는 이제 여행자들에게 사랑받는 도시가 되었어. 체코 역사의 중요한 사건들이 벌어졌던 프라하의 바츨라프 광장에서는 지금도 여러 축제나 기념식이 벌어지곤 해.

| 체코의 수도 프라하 | 바츨라프 광장 |

헝가리 부다페스트

헝가리 국회 의사당

제2차 세계 대전이 끝나면서 소련은 유럽 동쪽의 나라들을 점령했어. 동유럽 나라들은 하나둘씩 소련처럼 사회주의 국가가 되었지만, 사회주의 질서와 소련의 간섭에 문제가 있다는 걸 점점 깨닫기 시작했지. 1956년, 헝가리의 수도 부다페스트에서 소련에 저항하는 큰 시위가 벌어졌어. 이에 맞서 소련은 1000대가 넘는 탱크와 15만여 명의 병사를 보내서 시위대를 공격했지. 헝가리 혁명은 실패로 끝났지만, 소련에 반대하는 목소리는 계속됐어. 그러다가 1989년, 헝가리에서도 민주주의 정부가 들어섰어. 새로운 헝가리 공화국이 선포된 곳은 헝가리 국회 의사당이야. 도나우강 바로 옆에 자리 잡은 이 건물은 특히 야경이 아름다워.

폴란드 바르샤바

폴란드 바르샤바의 잠코비 광장

폴란드는 제2차 세계 대전이 시작되었을 때 독일과 소련의 공격을 동시에 받으며 두 나라에 점령되었어. 이때 소련군은 많은 폴란드 사람들을 죽였고, 나치 독일은 폴란드의 수도 바르샤바를 무자비하게 파괴했지. 전쟁이 끝나고 독립한 폴란드는 사회주의 국가가 되었지만, 소련에 반대하는 폭동이나 시위가 꾸준히 일어났어. 그러다가 1989년에 벌어진 자유화 운동으로 마침내 폴란드에도 민주주의 정부가 들어서게 되었지.

나의 첫 역사 클릭!

냉전이 끝나다

1985년부터 새롭게 소련을 이끌게 된 사람은 미하일 고르바초프야.
그 무렵, 소련은 여러 면에서 아주 곤란한 상황을 겪고 있었어.
미국과 벌인 무기 경쟁으로 너무 많은 돈을 써서 경제는 어려웠고
사람들의 불안이 점점 커졌거든.
자유를 잃은 사람들은 생기를 잃어 갔지.
큰 변화가 필요하다고 생각한 고르바초프는 개혁과
개방의 목소리를 높였어. 동유럽을 비롯한 여러 사회주의
국가들에도 소련이 간섭하거나 도움을 주는 일이
없을 거라는 선언도 했지. 그러자 정말로 큰 변화가 나타났어.
지금껏 소련에 억눌려 있었던 동유럽 나라들에서
민주화 시위가 거세게 벌어지게 돼.
그 결과 헝가리를 시작으로 폴란드, 체코슬로바키아에서
자유로운 선거를 통해 자신들의 대표를 뽑게 되었지.
1989년 12월 2일, 소련의 지도자 고르바초프와
미국의 대통령 조지 H. W. 부시가 지중해에 있는
몰타섬에서 손을 맞잡고 이렇게 이야기했어.
"우리 두 나라는 서로를 적으로 여기지 않습니다."
냉전의 시대가 점점 끝나 가고 있었지.

몰타에 세워진 몰타 회담 기념비

몰타 회담이 열리기 한 달 전쯤, 유럽에서는 큰 사건이 하나 벌어졌어.
1989년 11월 9일, 독일의 베를린 장벽이 무너진 거야. 어떻게 이런 일이 생겼을까?
동유럽에 지원이나 간섭을 하지 않겠다는 고르바초프의 선언은
동독 사람들에게도 영향을 끼쳤어. 동독 정부를 강하게 비판하는
사람들도 늘어났고, 국경을 넘어 서독으로 도망가는 사람들도 늘어났지.
시위를 벌이던 동독 사람들이 베를린 장벽까지 무너뜨리게 되었던 거야.

1989년 베를린 장벽이 무너지던 당시의 모습

이후 선거를 통해 동독에서 새로운 정부가 들어섰고,
동독 정부와 서독 정부가 통일에 대해 적극적으로 이야기를 나누기 시작했어.
1990년 8월 31일, 동독과 서독 정부가 통일 조약을 맺으면서 독일은 통일을 이뤄 내.
그 무렵, 소비에트 사회주의 공화국 연방(소련)을 이루고 있던 나라들도
더 이상 연방에 속하지 않겠다는 결정을 내렸어.
소련의 군대도 자유를 향한 사람들의 의지를 꺾을 수 없었지.
마침내 1991년에 소련이 해체되면서 냉전 시대가 끝나게 돼.

글 박혜정

성균관대학교 역사교육과에서 공부했습니다. 중학교에서 역사를 가르치며 학생들과 세계사의 재미를 나누고 있습니다. 두 아이의 엄마로, 아이를 무릎에 앉혀 놓고 그림책을 읽어 주던 때가 인생에서 빛나던 시절 중 하나라 여기고 있습니다.

그림 김현영

대학에서 의상 디자인을 공부했지만 그림이 너무 좋아서 미국 뉴욕에 있는 SVA(School of Visual Art)에서 다시 일러스트레이션을 공부했습니다. 지금은 두 아이들과의 일상을 그림으로 남기는 일과 책 속의 그림 만드는 일에 열심입니다. 그린 책으로 《지구의 역사》, 《당당하고 다정하게 말 잘하는 아이들》, 《주말에는 우리 강을 여행할래!》, 《세상을 바꾸는 따뜻한 금융》, 《신기하고 특이하고 이상한 능력자》, 《내가 바로 바이러스》 등이 있습니다.

나의 첫 세계사 18 — 둘로 갈라진 세계 냉전 시대

1판 1쇄 발행일 2024년 1월 15일

글 박혜정 | **그림** 김현영 | **발행인** 김학원 | **편집** 박현혜 | **디자인** 박인규
저자·독자 서비스 humanist@humanistbooks.com | **용지** 화인페이퍼 | **인쇄** 삼조인쇄 | **제본** 다인바인텍
발행처 휴먼어린이 | **출판등록** 제313-2006-000161호(2006년 7월 31일) | **주소** (03991) 서울시 마포구 동교로23길 76(연남동)
전화 02-335-4422 | **팩스** 02-334-3427 | **홈페이지** www.humanistbooks.com
사진 출처 몰타 회담 기념비 ⓒ Continentaleurope / Wikimedia Commons / CC BY-SA 3.0
　　　　　　베를린 장벽 ⓒ Raphaël Thiémard / Wikimedia Commons / CC BY-SA 2.0

글 ⓒ 박혜정, 2024　그림 ⓒ 김현영, 2024
ISBN 978-89-6591-542-3 74900
ISBN 978-89-6591-460-0 74900(세트)

- 이 책은 저작권법에 따라 보호받는 저작물이므로 무단 전재와 무단 복제를 금합니다.
- 이 책의 전부 또는 일부를 이용하려면 반드시 저작권자와 휴먼어린이 출판사의 동의를 받아야 합니다.
- **사용연령 6세 이상** 종이에 베이거나 긁히지 않도록 조심하세요. 책 모서리가 날카로우니 던지거나 떨어뜨리지 마세요.